This book is...

이 책의 특징은...

포장을 하기 전 꼭 필요한 것은 그 선물의 종류가 무엇인지 먼저 생각하고 선물이 손상되지 않도록 꼼꼼히 정리하면서 정성스럽게 포장하는 것이 중요해요.

선물의 특징이 잘 두드러질 수 있도록 포장할 상자를 형태별로 소개했어요.

사각, 원통, 삼각형, 육각형 등... 선물을 고르다보면 선물을 담는 상자의 모양은 생각보다는 의외로 많아요. 선물을 포장하기 전 먼저 상자의 형태나 내용을 생각한 다음 어느 곳에 넣고 포장해야 할지 선택한 후에 원하는 형태의 모양을 고른 다음 포장하면 포장이 더욱 쉬워요. 그 외에 상자가 없어도 포장할 수 있는 기법도 있어요.

포장법을 직접 사진으로 설명해 쉽게 알 수 있어요.

때로는 막상 선물을 예쁘게 포장하려하는데 어떻게 어떤 식으로 멋을 내야 할지... 보기에는 쉬울 것 같았는데 막상 해보려니 생각과는 다르죠? 누가 가르쳐 주지 않아도 사진만 보면 바로 따라 할 수 있도록 꼼꼼하게 나열했어요.

다양한 재료들을 사용하여 포장법이 더욱 다양해요.

선물을 포장하는데 있어 재료는 너무나 다양해요. 음식을 포장하는 쿠킹 호일, 자그마한 비닐봉지, 차곡차곡 쌓아두었던 상자들, 사실 이런 작은 것으로도 멋을 낼 수 있다구요. 굳이 포장지를 따로 사지 않아도 그리고 예쁜 리본이 아니더라도 주위에 있는 작은 액세서리들만 꼼꼼하게 챙기면 포장법이 더욱 다양해져요.

Note book 형식을 갖추어 선물포장을 더욱 꼼꼼히 체크해 볼 수 있어요.

잡지나 책에서 봐왔던 예쁜 포장법, 우연히 생각나는 액세서리들, 주위에서 권해준 소재들... 사실은 이곳저곳에서 보아 온 포장을 언젠가 꼭 한번 해보겠다던 포장법들도 막상 포장지를 들고 포장을 하려면 막막할 때가 있어요. 한 쪽 구석에 메모해 둔 센스는 이럴 때 발휘가 된다구요. 잊지 말고 꼼꼼히 적어 보세요.

직접 만들 수 있도록 간단하면서도 쉬운 포장법을 소개했어요.
이 번 책은 선물포장 중에서 가장 기초가 되는 것으로서 어느 누구나 쉽게 따라 할 수 있으며, 선물포장 디자이너가 되려는 분들에게 또는 선물포장 기능사 자격증을 원하는 분들에겐 꼭 알아야 할 사항들만 챙겨 책에 실었어요. 책으로만 봐도 알 수 있도록 체계적으로 만들었으니 일상생활 속에서 또는 하는 일 속에서 좋은 지침서가 되길 바래요.

모두 가까이에서 쉽게 구할 수 있는 소재들을 사용하여 포장이 더욱 쉬워졌어요.
포장이 어렵다구요? 그건 어떤 소재를 어떻게 사용해야 될지 몰라서 더욱 그런 느낌이 들 거예요. 어떨 땐 좋은 소재를 가지고 있지만 어떻게 사용하면 더 예쁜지 고민이 될 거예요. 어디서 어떻게 구입해야 할지 모르는 여러 종류에 이르는 포장지며 리본까지...
모두 쉽게 구입할 수 있는 재료만 가지고 포장법을 소개해서 이젠 포장이 더욱 쉬워졌어요.

Message from editor

이 책을

함께 내면서...

2000년을 맞이하면서 출범한 선물포장디자이너 협회가 벌써 해를 훌쩍 넘겨야 할 시점에 와 있습니다. 한 사람 한 사람 관심을 보이는 분들이 늘어나면서 새롭게 다가오는 설레임과 기대가 조금씩 부풀어 오릅니다.

도톰해진 수첩에 크고 작은 일상의 기록이 적힌 행사 날이면 가슴을 두근거리면서 밤을 밝히던 시간들도 있었습니다. 그러나 항상 회원들을 비롯한 많은 분들의 격려와 도움으로 넉넉한 결실을 얻었습니다. 그 힘으로 저희들은 앞만 보고 나아갈 수 있었습니다.
한 해를 마무리하는 사업으로 이번에는 모든 이들에게 언제 어디서나 도움을 줄 수 있는 선물포장 지침서를 만들었습니다.
앞으로 포장디자이너가 되고자 노력하는 분들을 위해서 또는 포장을 통해 다른 일을 하고자 하는 분들, 현재 포장법을 강의하는 강사들까지.
선물 포장에 관심 있는 모든 분들을 위해 선물을 포장하여 전하는 설레임과 받는 이의 기쁨을 생각하며 하나하나 정성껏 제작하여 책으로 엮었습니다.
보다 간결하면서, 보다 세련되고 모던한 감각으로 이제껏 봐왔던 어느 포장법 보다 좀더 색다른 형식으로 마음을 전할 수 있는 포장법.
이 책을 함께 만드는 동안 넉넉해진 우리들의 따스함이
사랑하는 이에게 몇 배로 전해질 수 있기를 희망하는 많은 이들의 시선과 손길이 모아지기를 빌어봅니다.

CONTENTS

Part 1   밋밋한 곳에 악센트를
         사각 포장
               카라멜식 포장 22 / 보자기식 포장 26 / 회전식 포장 30

Part 2   포장하기 어려운 둥근형태의 면들... 단정하면서도 모양 있게!
         원형 포장
               긴 원통 포장 38 / 낮은 원통 포장 42

Part 3   선물 박스의 형태를 내맘대로...
         다각형 포장
               삼각형 포장 50 / 오각형 포장, 육각형 포장, 팔각형 포장 51

Part 4   즐거운 자리일 수록 빠질 수 없는 선물! 그럴 수록 더욱 멋스럽게!
         병 포장
               깔끔한 병포장 , 띠를 두른 병 포장 58
               / 뚜껑과 포장을 따로따로 59 / 두 병을 나란히 60

Part 5   정해진 틀없이 개성있게
         케이스 없는 포장
               납작 상자 만들기 68 / Ticket 포장 72

Part 6   볼품없는 내용이라도 달라 보이는 선물! 즉석에서 만들 수 있는
         생활용품 포장
               아기 용품 포장 80 / 목욕용품 포장 82 / 잡화류 포장 84 / 주방용품 포장 86
               / 과일 포장 88 / 인형 포장 90 / 한지로 만든 정성주머니 92

Part 7   리본을 이용하여 악세사리 만들기
               헤어핀 98 / 헤어밴드 100 / 코사지 102

Part 8   선물포장의 기본!
               다양한 Bow 접기 104 / 박스를 이용한 타이매기 109

Message from editor
               이 책을 함께 내면서... 8

선물포장에 앞서
               wrapping에 필요한 재료 12

Staff

선물 포장은요...
제작 : 김명숙((사)한국선물포장디자이너협회 이사장 02-532-4563), 김동희((사)한국선물포장디자이너협회 부이사장 02-532-1033), 박임순((사)한국선물포장디자이너협회 부이사장 031-449-0369)
도움주신분들 : 김순애(053-421-6789), 남영숙(062-232-0268), 김숙영(02-594-8653), 손영란(02-473-8830), 김혜숙(02-2294-1920), 이신애(02-575-4952), 남덕희(02-557-4622), 전윤희(02-835-4712), 유영란(02-504-1227), 김시삼(02-403-2676), 송혜정(02-481-1034), 이현수(02-408-0872), 김영미(02-2646-0970), 최영숙(02-567-8825), 조인숙(031-681-2121), 김해숙(031-213-4653), 양희숙(053-425-9047), 김경희(042-527-8407)
저자 : (사)한국선물포장디자이너협회 / 기획·진행 김미훈 / 사진 박준영 / 미술 임주현
소품협조 : (주)해피랜드(02- 3282-5700)
장소협찬 : 아지오 광화문점(02-720-1211), 프로방스 분당점 (031-701-2060), KEVIN'S BIS 압구정점(02-545-5320)
발행한곳 : 도서출판 모아 서울시 서초구 잠원동 75-19 반포쇼핑타운 3동 403호
등록번호 : 제 22-1216호   전화번호 : (사)한국선물포장디자이너협회 (대표) 02-591-1799
등록 1997. 10. 10 / 인쇄한 날 2000. 12. 1 / 발행한 날 2000. 12. 7
본 책자에 수록된 모든 내용은 저자권자와 협의없이 복제 또는 전제될 수 없다.

Paper

♦ a, b – 한지   ♦ c, n – 구김지   ♦ d, g, k, L – 구름지   ♦ f – opp   ♦ e, h – 직녀지   ♦ i, j, m – 꽃지   ♦ o – 부직포

Ribbon

◆ a, i – 마끈　◆ b – 노끈　◆ c, f – 면끈　◆ d – 벨벳 리본　◆ e – 라피아　◆ g – 로프 리본　◆ h – 페이퍼롤드 와이어

◆ a – 주름 공단 리본　◆ b, d, e – 공단 리본　◆ c – 골지 리본　◆ f, m – 오간디 리본　◆ g – 폴리 공단 리본　◆ h – 폴리 비닐 리본
◆ i, L – 면 체크 리본　◆ j, k – 벨벳 리본

◆ a - 쉽게 만들 수 있는 봉투　◆ b - 손잡이가 달린 봉투　◆ c - 긴 원통 상자　◆ d - 낮은 원통 상자　◆ e - 사각 상자

Box &Bag

◆ a, b - 삼지닥 나무와 계피
◆ c - 페킹　◆ d - 인형　◆ e - 헤어핀 대
◆ f - 플라스틱 캐릭터 액세서리
◆ g - 라피아　◆ h - 나무 집게
◆ i - 알루미늄 와이어　◆ j - 목각 액세서리
◆ k - 페이퍼 롤드 와이어　◆ L - 스티커
◆ m - 커피 종이 필터　◆ n - 드라이된 나뭇잎

Paper

a, b 한지 – 동양적인 멋이 물씬 풍기는 한지는 요근래 사랑받고 있는 포장지 중 하나예요. 가격이 비싸다는 점이 흠이지만 정말 중요한 날 멋있는 선물포장으로 한지를 사용한다면 또 다른 멋이 날거예요. 구멍이 약간은 뚫린 듯한 한지는 속의 내용물이 비칠 듯한 느낌이 긴장감을 더하고 좀더 멋을 내고 싶다면 다른 포장지와 함께 이용하면 더욱 좋아요.

c, n 구김지 – 약간은 두꺼우면서도 포장하기에 적당한 두께를 유지하고 있는 구김지는 다른 종이와는 달리 손으로 구긴 듯한 모양이 종이 전체에 모양내 있어 자연스러우면서도 모양새 있는 포장을 할 때 좋아요.

d, g, k, L 구름지 – 종이류 중에선 가장 두꺼운 구름지는 잘 구겨지지 않거나 찢어지지 않는 장점이 있는 반면 두꺼운 재질 때문에 쉽게 주름을 잡을 수 없다는 단점이 있어요. 포장지를 이용하여 많은 시접을 요하는 포장에는 피하는 것이 좋아요.

f OPP – 셀로판지라고 흔히 불려지는 OPP는 약간의 반들거리는 멋이 모양을 더욱 폼 나게 하죠. 최근에 비닐 위에 글자가 새겨지거나 예쁜 무늬가 새겨져 더욱 인기랍니다. 과일이나 음식을 포장하고 싶을 때 또 깨지는 물건 등을 보호성 있게 포장하고 싶을 때 OPP 만한 포장지가 있을까요?

e, g 직녀지 – 포장지에 굵고 작은 체크 모양이 입체적으로 새겨져있는 포장지로 다른 포장지와는 달리 문양을 이용하여 사용하면 좋아요.

i, j, m 꽃지 – 포장지에 새겨진 꽃무늬 만큼이나 아름다운 꽃지. 일반 포장지와 두께는 비슷하지만 예쁜 꽃무늬가 있어 사랑스러우면서도 은은한 색감이 돋보여요.

o 부직포 – 꽃 포장에 많이 쓰이는 부직포는 부드러운 장점이 있어, 주름을 잡아주어야 하는 선물포장에는 아주 제격 이예요.

Ribbon

a, i 마끈 – 마 실을 두툼하게 엮어 만든 마끈은 굵고 거친 듯한 느낌으로 투박한 멋이 특징이예요. 작고 부드러운 포장지를 사용한 포장 보다는 무게감 있는 포장에 사용하는 것이 좋아요.

b 노끈 – 실 또는 종이를 가늘게 꼬아서 만든 노끈은 한지나 구김지 등 표면이 거친 포장지로 포장하였을 경우 사용하는 것이 좋아요.

c, f 면끈 – 가는 면실로 만든 면끈은 느낌처럼 부드러운 질감의 리본이예요. 심플하면서도 멋스럽게 모양을 내려 할 때 좋아요.

d 벨벳 리본 – 벨벳의 부드러운 소재로 만든 벨벳 리본은 볼륨감 있는 장식이 필요할 때 사용하는 것이 좋아요. 우아한 멋이나 부드러운 느낌으로 포장하려한다면 벨벳 리본이 가장 적당해요.

e 라피아 – 갈대 잎으로 만든 라피아는 자연스러운 멋이 친근감을 더해요. 포장된 상자 위에 직접 묶어서 사용해도 좋지만 보우를 접어 깔끔하게 장식만 해도 좋아요.

g 로프 리본 – 가볍고 부드러운 로프 리본은 은은하고 깜찍한 스타일 자체가 장식 효과를 높인다. 부드러운 재질감이 자칫 풀릴 경우가 있으므로 주의한다.

h 페이퍼 롤드 와이어 – 가는 철사가 들어가 있는 페이퍼 롤드 와이어는 장식용으로 사용할 때 마음대로 모양을 낼 수 있는 장점이 있어요. 조금은 투박하고 두꺼워 상자를 감아서 사용하는 것보다 액세서리나 리본 장식으로만 사용하는 것이 좋아요.

a 주름 공단 리본 – 리본에 자체적으로 주름이 잡혀있는 주름 공단은 특별히 다른 장식이 없어도 화려해 보이는 리본이예요. 복잡한 장식이 없는 심플한 포장에 사용하는 것이 좋아요.

b, d, e 공단 리본 – 반들거리는 느낌이 화려한 공단 리본은 고급스러운 느낌이 선물 포장에서 사용하면 좋은 소재예요.

c 골지 리본 – 선물포장에 또 액세서리 제작에 가장 많이 쓰는 리본은 단연 골지 리본. 고급스러운 질감이 시선을 끌어요. 일렬로 된 가는 선의 무늬가 있으며, 어느 모양에서나 무난하게 사용할 수 있어 쉽게 모양을 낼 수 있는 것이 특징이예요.

f, m 오간디 리본 – 부드러우면서도 화려한 오간디 리본은 얇은 감이 이색적인 느낌이 들어요. 여러 번 겹칠 때 마다 달라지는 색감을 이용하여 풍성하고 볼륨감 있는 보우를 접는 것도 좋아요.

g 폴리 공단 리본 – 세 가지의 색깔이 적절하게 배합되어 있어 한 가지 리본으로도 여러 가지의 모양을 낼 수 있는 리본이예요.

h 폴리 비닐 리본 – 비닐로 된 폴리비닐 리본은 언뜻 보기에 종이 같은 얇은 느낌이 들어요. 비닐이라서 얇지만 질긴 장점이 있으므로 장식용으로 모양을 낼 수도 있고 무게감 있는 상자를 들 수 있게 포장할 수도 있어요..

i, L 면 체크 리본 – 가장 무난한 체크 리본은 화려한 포장지를 이용한 선물보다는 깔끔하고 단정한 선물 포장에 단연 돋보이는 리본이예요.

j, k 벨벳 리본

Accessories

a, b 삼지닥 나무와 계피 – 희고 깨끗한 줄기가 유달리 돋보이는 삼지닥 나무는 꽃시장에서, 나무결과 더불어 은은한 향기까지 돋보이는 계피는 건어물 가게나 약재상에서 쉽게 구할 수 있는 소재예요. 리본을 이용하여 멋을 낼 때 이런 것 하나 매달아서 같이 사용하면 훨씬 세련 되 보일 거예요.

c 페킹 – 깨지는 물건들을 보호하기 위해 쓰였던 페킹은 간단한 선물포장에서도 포장을 돋보이게 하기 위해 액세서리로 사용할 수 있어요. 흔히들 초핑이라고 불리기도 하지요.

d 인형 – 리본을 굵게 맨 다음 인형으로 리본 위를 마무리하면 깜찍하면서도 사랑스러운 선물 포장이 될 거예요. 인형은 선물포장보다 너무 크지 않도록 주의하고 포장과 잘 어울리는지 꼼꼼히 체크해 보세요.

e 헤어핀 대 – 헤어핀 대는 주름을 잡은 포장지에 주름을 고정시키기 위하여 철사나 리본을 이용하기보다 가끔은 헤어핀 대를 사용하면 또 다른 멋이 나요.

f 플라스틱 캐릭터 액세서리 – 헤어장식이나 어린이 선물에 많이 쓰이는 캐릭터 액세서리는 선물 포장에 포인트를 줄 수 있는 가장 좋은 장식 이예요.

g 라피아 – 리본대신 라피아는 물건을 고정시킬 때 사용할 수 있어요. 부드러운 느낌의 포장을 원한다면 라피아를 사용해 보는 것도 좋아요.

h 나무 집게 – 나무의 자연스런 색의 집게는 선물 포장에서 많이 쓰는 소재 중 하나예요. 예쁘게 포인트를 주고 싶은 곳에 또는 Bag을 자연스럽게 묶어 주고 싶을 때 집게를 사용해 보세요. 집게를 사용할 때도 밋밋한 것보다는 작은 액세서리 하나를 더 곁들인다면 훨씬 좋아요.

i 알루미늄 와이어 – 손으로 쉽게 모양을 만들 수 있다는 알루미늄 와이어는 개성있게 모양을 만든 다음 액세서리처럼 이용할 수도 있어요.

j 목각 액세서리 – 구멍이 뚫린 액세서리는 리본을 끼워 넣어 멋을 내거나 원하는 모양에 구멍을 내어 대롱대롱 메달아 보아도 좋아요.

k 페이퍼 롤드 와이어 – 페이퍼로 감겨진 와이어를 포장지 위에 자연스럽게 묶어 리본처리 한 다음 스프링 형태로 둥글게 끝을 말아주면 모양이 깜찍해 보여요.

L 스티커 – 포장지를 이용하여 선물을 포장한 다음 포장을 고정시킬 때 깔끔한 스티커는 가장 흔하면서도 쉽게 사용할 수 있는 액세서리예요. 그러나 너무 많이 사용하면 포장이 자칫 지저분해질 수 도 있다는 사실 잊지 마세요.

m 커피 종이 필터 – 원두커피를 거를 때 사용하는 종이 필터는 음식물이나 과일 포장, 작고 귀여운 과자 포장에 쓰일 수 있는 소품 이예요. 우리 주위에서 쉽게 얻을 수 있는 소품들, 선물 포장을 더욱 아름답게 만드는 좋은 아이디어가 될 수 있으니 꼭 기억해 두세요.

n 드라이된 나뭇잎 – 자연소재의 액세서리는 어느 곳에 붙여도 멋이 나요. 네임텍을 만든 곳에 나뭇잎하나 살짝 붙여 멋을 낼 수도 있고, 리본을 맨 다음 리본 위에 살짝 붙여도 좋아요.

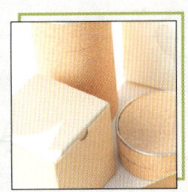

Box & Bag

a 쉽게 만들 수 있는 봉투 – 약간은 빛에 바랜 듯한 느낌의 봉투는 옛 생각에 정감이 가요. 그 옛날 흔히 볼 수 있는 소재였는데 세월이 지난 지금은 값이 비싸지고 쉽게 볼 수 없는 소재가 되었지만 가끔씩 제작하여 사용하면 멋스러워요.

b 손잡이가 달린 봉투 – 마음에 드는 포장지만 있으면 손쉽게 만들 수 있는 포장 봉투예요. 아주 값비싼 포장지가 없어도 쉽게 만들 수 있고 아무것이나 넣어도 그대로 멋을 낼 수 있는 봉투예요.

c 긴 원통 상자 – 그 자체로도 사용이 가능한 긴 원통 상자는 선물용으로는 리본으로 멋스럽게 묶어 주거나 액세서리를 이용하여 상자위에 붙여 주어도 나름대로 멋이 나요.

d 낮은 원통 상자 – 가느다란 금속의 테두리가 감겨져 있는 낮은 원통 상자는 원래 볼품없는 색상의 상자에 콜크를 이용하여 붙여둔 것이예요. 자연스러우면서도 새로운 느낌이 더 할 수 없이 뿌듯해요.

e 사각 상자 – 선물의 내용이나 크기에 상관없이 어느 포장에서나 사용할 수 있는 것은 사각 상자이기 때문이예요. 선물의 내용이나 크기에 구애받지 않고 이용할 수 있으며 자연색의 사각 상자는 포장하지 않은 상태로 응용하여도 멋스러워요.

Part 1

맛깔한 곳에 악센트를
사각 포장

1. 카라멜식 포장

포장이 예쁜 선물에는 웬지 모르게
더욱 눈길이 간다.
그래서인지 그 선물은 받지 않아도 모양을
보는 순간 마음이 설렌다.
포장지를 이용하여 깔끔하게 정리된 모양,
아기자기하게 접어서 정성스럽게 붙인 모양.
어디에서나 손쉽게 접어서 사용할 수 있는
모양에 이르기까지
단순한 사각상자이지만 깔끔하게 모양낸
선물엔 주는이의 정성이 느껴진다.

2. 보자기식 포장

3. 회전식 포장

카라멜식 포장

사각 상자 포장의 기초

단정하면서도 깔끔한 선이 돋보이는 카라멜식 포장. 포장에서 가장 많은 쓰임새로 어느 누구나 쉽게 사용할 수 있을 만큼 많은 사람들의 손에 익은 포장법이다.

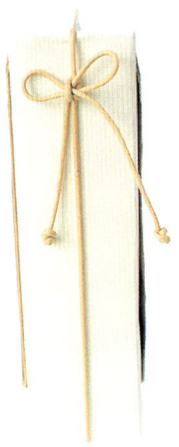

카라멜식 포장은요....

· 포장의 기초가 되는 카라멜식 포장! 정확하고 깔금한 선이 포인트가 된다.
· 카라멜식의 포장은 옆면의 포장 방법에 따라 다양하게 변할 수 있는데 선물의 크기와 원하는 모양에 따라 여러 가지 형태로 포장할 수 있다.
· 카라멜식에 가장 잘 어울리는 포장지는 크래프트지! 조금은 두꺼운 감이 좋은 선의 모양을 만들 수 있기 때문이다.

how to wrap

◦ 카라멜식 포장에는 이런걸 준비해 두세요.

　사각 상자 · 포장지 · 양면테잎 · 가위 · 칼 · 리본

◦ 좀더 예쁘게 포장하는 방법

1 긴사각 상자를 포장할 포장지를 적당히 자른 다음 상자를 길게 놓코 끝선의 시접을 1cm 접는다.
2 양면 테잎을 이용하여 시접에 붙인다.
3 모서리에 맞추어 붙인다.
4 옆면 포장은 양쪽에서 포장지를 밀어 넣어 상자에 붙인다.
5 윗면과 아랫면의 포장지가 서로 교차 하여 마주 보도록 접되 옆선은 사선이 되도록 접는다.
6 안쪽으로 사선이 만나도록 접어 안쪽에 양면 테잎을 붙인 다음 포장을 마무리 한다.
7 카라멜의 포장 사선이 보이지 않는 쪽에 리본을 이용하여 모양을 낸다.

N · O · T · E · B · O · O · K

노트북은 예쁘게 포장할 선물들을 미리 설계해 볼 수 있는 공간입니다. 포장하기 전 생각나는 반짝 아이디어들, 꼼꼼하게 적어보세요.

동양적인 멋이 물씬
보자기식 포장

어린시절 딱지접기를 연상시키는 보자기식 포장. 그 옛날 고사리 같은 손으로 종이를 접듯 정성스럽게 포장해 보자.

소중한 사람과의 기념일을 멋스럽게 기념하기 위해
오늘 준비한 것은 색다른 포장 두개.
선물할 상자를 포장하기 위해 준비해둔
재료는 포장지가 전부이다.
특별한 액세서리도 없고 그렇다고 화려한 리본도 없다.
질감이 돋보이고 문양이 다른 포장지만
있으면 완벽한 선물포장 완성.
단정하면서도 심플한 멋이 돋보일수 있도록
제작된 보자기식 포장법은 이럴때
더욱 톡톡 튀는 아이디어가 된다.

보자기식 포장은요....

· 보자기식 포장에는 포장지에 상자를 포장지의 한쪽 모서리에서 대각선 방향으로 놓은 다음 상자높이+여분 만큼씩 여유를 주고 포장지를 정한다.
· 대각선으로 연결되는 선이 돋보이는 보자기식 포장은 윗면에서 내려다보면 보자기로 쌓아 놓은 듯 동양적인 멋이 돋보인다. 이런 포장은 사각 포장에서만 가능한 포장법. 날카로운 선이 두드러지도록 포장한 다음 전체적으로 상자의 선을 잡아주는 것이 포장이 더욱 예뻐 보인다.
· 깔끔한 보자기식 포장은 자칫 포장만하면 밋밋해 보일 수가 있다. 이럴 때 리본보다는 동양적인 멋을 살린 액세서리를 선택하여 사용하는 것이 좋다.
· 보자기식 포장지는 선을 중요시 하는 만큼 얇으면 자칫 구겨질 염려가 있으므로 약간은 두꺼운 종이를 이용하면 좋은데 여기에선 직녀지를 사용했다.

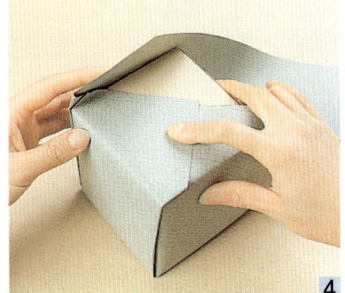

how to wrap

: 보자기식 포장에는 이런걸 준비해 두세요.
  사각 상자 · 포장지 · 양면테잎 · 가위 · 칼

: 좀더 예쁘게 포장하는 방법

1 포장지의 길이는 포장할 사각 상자의 높이와 윗면의 모서리에서 마름모꼴로 접었을 경우 2cm 정도 덮일 수 있는 길이만큼 포장지를 정사각형으로 자른다.
2 포장지를 다이아몬드 형이 되도록 펼친 다음 포장지를 접는다.
3 옆면을 접을 때는 사각상자의 옆선과 일직선이 되도록 접는다.
4 사각의 옆면을 모두 동일하게 접는다.
5 접어둔 포장지를 다시 핀 다음 사각의 포장지가 모서리와 모서리가 일직선으로 되도록 접는다.
6 다른면도 모서리와 일직선이 되도록 접은 다음 안쪽으로 접어 마무리한다.
7 마지막 면은 접어서 처음 선과 대각선으로 일치되도록 접어 넣은 다음 양면 테잎으로 고정시킨다.

N · O · T · E · B · O · O · K

노트북은 예쁘게 포장할 선물들을 미리 설계해 볼 수 있는 공간입니다. 포장하기 전 생각나는 반짝 아이디어들, 꼼꼼하게 적어보세요.

회전식 포장
날렵한 솜씨로 재 빠르게

상자를 돌려가면서 포장할 수 있는 회전식 포장
여성스럽고 세심한 손놀림을 이용하여 좀더 섬세하게 포장을 접어 보자.
여러면을 따로 포장하는 것과는 달리 한번의 테잎 사용으로 쉽게 포장할 수 있는 장점이 있다.

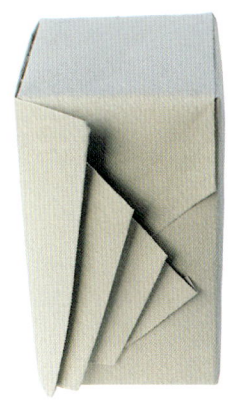

회전식 포장은요....

· 긴 사각포장에서 도톰한 모양의 포장법 중에선 보호성이 강한 회전식 포장법. 굳이 사각 상자 포장이 아니더라도 여러 형태의 포장에서 두루 사용할 수 있는 장점이 있다.
· 둘둘 말듯이 포장하는 것이 특징이기는 하나 그렇다고 해서 아무렇게나 포장하는 것이 아닌 옆선을 맞추면서 포장을 해야 한다.
· 긴 포장지를 이용하는 회전식 포장은 카라멜과 보자기식과는 달리 한장의 포장지가 여러 번 겹치는 것이 특징이다.
· 자칫 밋밋한 포장이 되지 않도록 액세서리를 적당히 사용하거나 때론 포장지를 이용하여 멋을 낼 수 있다.

how to wrap

❊ 회전식 포장에는 이런걸 준비해 두세요.
  사각 상자 · 포장지 · 양면테잎 · 가위 · 칼

❊ 좀더 예쁘게 포장하는 방법

1 직사각형의 상자를 포장할 만큼 포장지를 자른다.
2 상자를 포장지 위에 놓을 때 모서리가 포장지의 옆라인과 만나도록 놓는다.
3 위에서 봤을 때 포장지의 모양이 마름모꼴 모양이 되도록 상자를 감싼 다음 포장지의 옆선이 상자의 옆라인과 일직선이 되도록 접는다.
4 윗면도 동일하게 상자의 라인과 일치 되도록 접는다.
5 상자를 잡아 돌려주면서 포장지의 접힌선이 상자의 모서리에 맞도록하여 눌려 접는다.
6 옆선을 맞추어 옆면을 포장한다.
7 윗면을 포장지를 이용하여 덮는다.
8 윗면의 포장지 여분을 이용하여 안쪽으로 주름을 접어 모양낸다.
9 마무리 할 때는 끝시접을 접어 깔끔하게 만든 다음 양면 테잎을 이용하여 끝선에 붙여 마무리 한다.

N·O·T·E·B·O·O·K

노트북은 예쁘게 포장할 선물들을 미리 설계해 볼 수 있는 공간입니다. 포장하기 전 생각나는 반짝 아이디어들, 꼼꼼하게 적어보세요.

포장의 기초레슨

사각상자을 좀더 예쁘게 포장할 수 있는
More information

Point 1

카라멜 모양이 상자의 어느 면에 모양을 낼 것인지 미리 선정한다.

대부분 긴 상자에서 많이 쓰이는 카라멜식 포장은 대부분 가려지는 부분에서 대충 포장하여 사용하는 경우가 많다. 그러나 카라멜 모양을 좀더 예쁘고 정성스럽게 만들면 장식적인 효과를 두 배로 높일 수가 있다. 포장하기 전 모양을 어느 면에 놓을 것인지 미리 선정하여 포장하면 훨씬 좋다.

Point 2

처음 포장할 때 포장 라인이 가운데에 놓이도록 한다.

상자를 놓고 포장할 때 처음 시접은 카라멜식 포장에 있어서 매우 중요하다. 옆선의 모양이 어떻게 변하고 접히는지에 따라서 포장의 가치가 달라질 수 있기 때문이다. 처음 접는 시접이 상자 전체의 포장에서 가운데 위치하도록 주의하여 포장하는 것이 좋다.

Point 3

옆선에서 카라멜 모양을 낼 때 양쪽으로 접어 넣은 모양이 같도록 한다.

카라멜식 포장은 전체적으로 밑면을 제외한 여러 군데에서 모양을 만들 수 있다. 긴 사각 포장에서 윗면에 모양을 내고 싶을 때는 포장지를 자를 때 긴 면을 위주로 포장지를 자르고 양쪽 옆면에서 모양을 낼 때는 옆선을 위주로 포장지를 사용하면 된다. 그러나 무엇보다 중요시 해야할 사항은 양쪽으로 접어 넣은 모든 포장의 마감선은 전체적으로 모두 같아야 한다.

Point 4

카라멜식 포장에서 마감선을 상자 라인에 마추는 것도 좋다.

카라멜식 포장에서 옆면의 카라멜 모양은 중앙선에 놓이지 않아도 좋다. 상자 옆면의 폭이 너무 좁다고 생각될 때는 끝 선을 중앙에 맞추는 것이 아닌 상자를 전체적으로 감싸듯 상자의 밑면에 맞추어도 무관하다.

Point 5

보자기식 포장은 정사각형의 상자를 포장하는데 가장 잘 어울리는 포장법이다.

정사각포장에서 가장 잘 어울리는 보자기식 포장! 윗면의 네 모서리가 딱 맞아야 완성된 모양이 보기에 좋다. 시접을 정확히 하고 재단한 모양에 맞춰 포장하는 것이 보자기식 포장의 요령. 그러나 직사각형 상자를 포장하여도 단정하게 모양을 낼 수 있다.

Point 6
색이 다른 자투리 포장지를 이용하여 포장의 가치를 높일 수 있다.

포장지로 디자인에 변화를 주고 싶을 경우에는 자투리 포장지로 모자이크를 하여 사용하면 변화 있는 포장이 될 수 있다.

Point 7
보자기식에서 윗면과 아랫면 모두 멋을 내고 싶을 때…

윗면과 아랫면 모두 보자기식 포장을 이용하여 모양을 내려할 때는 포장지를 재단하기 전 미리 색이 다른 두장의 포장지를 접듯이 대각선으로 연결한 다음 포장하면 포장이 훨씬 쉬우면서도 색다른 포장법을 연출할 수 있다.

Point 8
마무리 부분을 깔끔하게 정리해 주는 것이 좋은 모양새를 낸다.

모든 포장이 그렇듯이 보자기식 포장에선 마감선이 예뻐야 하므로 안으로 포장지를 집어넣거나 또는 마지막 포장지를 접어 올릴 때 선끝이 보이지 않도록 시접을 주어 안쪽으로 예쁘게 접어서 포장을 마무리 해주는 것이 좋다.

Point 9
한단계 업그레이드 된 포장으로 보내는 이의 정성스러움과 정중한 마음을 표현할 수도 있다.

대부분 포장의 선을 마감 하는 곳에 모양이 있는 스티커를 붙이는 경우가 많다. 포장을 예쁘고 정성스럽게 한 것일수록 스티커의 마무리는 왠지 어색하다. 안쪽에 양면 테잎을 이용하여 포장을 마무리한 다음 다른 포장지를 이용하거나 리본을 사용하는 것이 훨씬 보기 좋은 선물포장을 만든다.

Point 10
포장지의 색, 무늬, 질감이 잘 어울려져야 돋보이는 회전식 포장!

회전식 포장은 말그대로 상자를 돌려가며 포장하는 것이 전부이다. 이럴 때 포장지의 색깔과 무늬, 또는 질감 등을 고려하여 사용하는 것이 좋다.

Point 11
회전식 포장에서 포장지는 되도록 두꺼운 것을 피하는 것이 좋다.

회전식 포장은 포장지가 겹치는 부분이 많기 때문에 두꺼운 포장지 보다는 얇은 포장지를 사용하는 것이 포장을 마무리 하였을 때 둔해 보이지 않고 모양이 깔끔하다.

Point 12
마무리 포장에서 모양을 낼 때는 전체 포장을 고려하여 여유분을 준다.

회전식 포장에서 때론 포장지에 모양을 내고 싶을 때 부채살 모양처럼 주름을 접어 주는 예가 많다. 이렇게 포장지를 이용하여 직접 모양을 더할 경우에는 밑면에 포장한 포장선이 드러나지 않도록 포장지를 제작할 때 미리 고려하고 여유분을 준 다음 사용하는 것을 잊지 말자.

Part 2

포장하기 어려운 둥근 형태의 면들...
단정하면서도 모양있게!

원통 포장

1. 긴 원통 포장

둥글 둥글 땡구르르...
편편한 면이 있어 쉬운 사각 포장과는 달리
둥근 형태의 원통상자를 포장하기에는
왠지 초보들에게는 낯설다.
그렇다고 모두 주름을 잡아매듯 포장할 수 없는 법.
그럴수록 꼼꼼한 손놀림과 인내심은
더욱 좋은 포장으로 성취감을 느끼게 한다.
예쁘기도 하지만 여러 번의 단순한 작업들이 많아서
초보자들도 거뜬한 원통형 포장 공개!

2. 낮은 원통 포장

긴 원통 포장

선과 면의 만남! 깔끔하면서도 율동감있게

둥근 형태 그대로 모양을 낸 다음 윗면에 길쭉하면서도 모양새 있게 묶은 포장법도 좋지만 깔끔하면서도 깜찍한 주름들이 정감이 간다. 때론 크고 작은 액세서리를 이용하여 멋을 내 보아도 좋을 듯.

긴 원통 포장은요....

· 긴 원통을 포장할 때에는 잦은 주름 잡기를 고려하여 두꺼운 종이 보다는 얇은 부직포나 한지를 이용하는 것이 포장하기 쉽다.

· 옆면의 곡선과 위아래의 깔끔한 면들을 이용하여 포장하는 높은 원통 포장. 되도록 옆선은 심플하게 선을 강조하면서 포장하고 위아래는 적당한 주름으로 모양을 내는 것도 좋다.

· 면을 이용하여 주름을 잡는 것이 일반적인 원형의 포장법. 기본형을 이용하여 응용하면 훨씬 색다른 포장을 할 수 있다. (예, 면 전체에 주름을 잡는 것 보다는 일부분만 주름을 잡는다.)

how to wrap

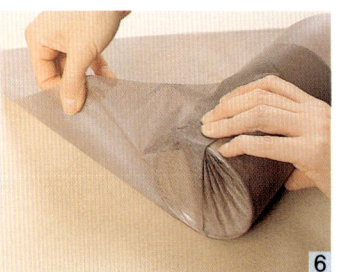
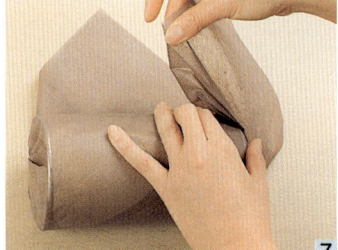

:: 긴원통 포장에는 이런걸 준비해 두세요.
  원형 상자 · 포장지 · 양면테잎 · 가위 · 칼

:: 좀더 예쁘게 포장하는 방법
  1 대각선의 양끝 여분이 지름에다 길이의 ⅓만큼 더한 값으로 재단한다.
  2 대각선의 중심에 원통을 놓고 양끝의 여분을 확인해 준다.
  3 한쪽 끝으로 굴려가서 모서리를 감아준다.
  4 여분이 있는 쪽에서 원 둘레의 한점을 향하여 주름을 잡아 준다.
  5 원의 반 정도 주름이 잡히면 직각으로 종이를 잡아 올려 준다.
  6 여분을 안으로 당겨주면서 감아 나간다.
  7 반대편도 같은 방법으로 주름을 처리 한다.
  8 양끝이 깔끔하게 처리되도록 여분을 안으로 넣어주면서 감는다.
  9 양면테잎으로 모서리에서 고정시킨다. 이때 다른색 포장지를 덧대어 사용하면 좋다.

N·O·T·E·B·O·O·K

노트북은 예쁘게 포장할 선물들을 미리 설계해 볼 수 있는 공간입니다. 포장하기 전 생각나는 반짝 아이디어들, 꼼꼼하게 적어보세요.

낮은 원통 포장

포장지로 날개를 달 듯
밋밋하고 작은 것일수록 화려하게...

동그란 원통의 모양은 마음을 편하게 한다. 더욱이 나지막하게 자리 잡은 모양은 안정감 또한 더한다.
오목 조목하게 주름도 잡아보고 어슷하게 엇갈려 매듭도 지어 본다.

낮은 원통 포장은요....

· 안 보이는 곳까지 꼼꼼하게... 원통 포장도 사각포장과 마찬가지로 원통 상자를 포장하기 전 시접을 약간(약 1~2cm) 접어서 양면 테잎으로 붙인 다음 포장을 시작한다.

· 시접을 접을 때 다음 시접까지 고려하여 처음부터 끝까지 깔끔한 선을 유지할 수 있도록 주의한다.

· 마무리 작업을 어떻게 하는냐에 따라 달라지는 원통 포장. 단정하게 주름만 잡은 포장이라면 같은 포장지를 이용하여 주름잡은 끝부분에 스티커를 붙이듯 포장지로 씰(seal)을 만들어 마무리하는 것도 잊지 말 것.

how to wrap

◦ 낮은 원통 포장에는 이런걸 준비해 두세요

원형 상자 · 포장지 2장(한지 이하의 부드러운 포장지)
· 롤드와이어 · 끈 · 가위 · 칼 · 양면테잎

◦ 좀더 예쁘게 포장하는 방법

1 포장지의 크기를 정할 때는 높이와 지름의 길이를 합친 만큼의 여유분을 정한 다음 정사각형의 모양으로 자른다.
2 원통이 포장지의 중심에 오도록 위치를 확인한다.
3 양면을 겹쳐 잡고 한쪽에서 부터 포장지의 주름이 중심을 향하도록 접어준다. 주름을 접을 때는 포장지가 밀리지 않도록 한다.
4 주름의 모양이 원통의 가운데 선에서 서로 마주 보도록 잡아 준다.
5 포장지의 색상에 어울리는 롤드와이어를 이용하여 주름을 고정시킨다.
6 주름을 고정시킬 때는 주름이 깔끔하게 정리되도록 모양을 미리 정리해주고 리본처리를 한 다음 다시 한번 주름을 정리하여 마무리 한다.

N·O·T·E·B·O·O·K

노트북은 예쁘게 포장할 선물들을 미리 설계해 볼 수 있는 공간입니다. 포장하기 전 생각나는 반짝 아이디어들, 꼼꼼하게 적어보세요.

포장의 기초레슨

원통형 포장을 좀더 예쁘게 포장할 수 있는
More information

Point 1
선물의 형태를 보고 먼저 그 특징을 살릴 수 있도록 포장을 정한다.

우리가 생각하는 것보다 원통형 포장은 의외로 꽤 많은 포장법이 있다. 윗면에서 주름을 잡아 묶어주는 스타일, 면에만 주름을 잡아 깔끔하게 정리하는 스타일, 옆선에서부터 주름을 잡아주는 스타일 등등... 그러나 무엇보다 중요한건 선물의 내용과 받는 사람이다. 선물의 내용을 고려하고 받는 사람의 취향까지 고려한다면 더욱 정감이 가는 포장으로 인정받을 것이다.

Point 2
원통형 포장에서 빠질 수 없는 주름! 일정한 간격으로 정확하게...

윗면에서 정확하게 보여지는 주름들. 그럴수록 더욱 꼼꼼하고 세심하지 않으면 안 된다. 주름의 간격도 전체적으로 맞히면서 일정한 크기를 유지하는 것은 기본!

Point 3
주름은 정확하게 중앙에 모일 수 있도록 한다.

원통형 포장에서 주름을 잡을 때에는 자칫 주름이 사선으로 눕혀진 듯 모양이 만들어 질 때가 있다. 주름을 잡기 전에 먼저 원의 중심을 확인한 다음 윗면에서 내려다 보면서 접는 것이 좋다.

Point 4
마지막 주름까지 깔끔하게 정리한다.

주름을 처음부터 끝까지 모두 접은 다음 마지막 주름의 끝부분은 처음 주름을 잡은 곳 아래쪽에 밀어 넣고 깔끔하게 정리하는 것이 좋다.
전체적으로 원통의 주름을 보았을 때 어느 곳에서 시작한 것인지 모를 정도로 정리하면 훨씬 보기 좋은 포장이 완성될 것이다.

Point 5
두 겹의 포장지가 서로 밀리지 않도록 주의 한다.

두 겹의 포장지를 사용할 때에는 원통형 포장이라 자칫 포장지가 밀려 의외로 좋지 않은 영향을 미칠 때가 있다. 서로 좋은 모양으로 유지 할 수 있도록 주름 하나 하나에 유의하면서 포장하는 것이 좋다.

원통형은 옆선과 위아래의 면으로 표현할 수 있다. 전체적으로 한가지 형태의 모양이 치우치면 산만해 보이거나 지저분한 포장이 될 수가 있다. 이럴 때는 서로 보완하듯 옆선에 주름을 잡아 모양을 냈을 경우에는 윗면은 깔끔하게, 반대로 윗면에서 주름을 잡았을 경우에는 옆선을 깔끔하게 장식하는 것이 좋다.

주면 깔끔한 모양을 만들 수 있다.

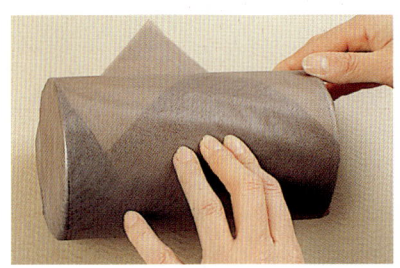

Point 6

두꺼운 포장지는 되도록이면 피한다.

대부분 주름이 포인트가 되는 원형포장에서는 두꺼운 포장지는 피하는 것이 좋다. 그러나 포장법에 따라 얇은 포장지를 이용할지라도 두 겹을 겹쳐서 사용하면 한가지의 색을 사용한 것 보다 화려하여 모양이 더욱 돋보인다.

Point 7

복잡한 주름과 깔끔한 모양들이 서로 어울릴 수 있도록 적당히 배치한다.

Point 8

리본 보다는 작은 액세서리로 멋을...

납작하게 주름을 잡은 경우를 제외하고는 윗면에 묶을 수 있도록 주름을 잡았다 하더라도 리본으로 마무리 한다는 것은 너무 흔한 방법이다. 센스 있고 색다른 포장을 원한다면 이럴 때 작은 액세서리를 이용해보자. 나무조각 액세서리나 자연스러운 노끈 등은 센스 있는 선물포장을 하는데 한 몫을 한다.

Point 9

끝 선의 마무리까지 정확하게...

원통을 둘둘 말아 포장하였을 경우 끝선 처리를 어떻게 할지 망설이게 된다. 끝선의 마무리가 일자이던, 사선이던 원하는 방향으로 양면테잎을 붙여

Point 10

여유분으로 남겨 둔 주름까지도 전체 포장의 길이와 어울릴 만큼만 사용한다.

원통을 포장한 다음 원통형의 목 부분에 리본이나 액세서리 등을 장식한 후 정리해야 할 것은 윗자락의 모양이다. 무엇보다 원통형 전체포장과 비교하였을 때 너무 길거나 짧아서 비례가 맞지 않았을 경우가 있다. 크기를 적당히 정한 다음 나머지 여유부분은 핑킹가위 등을 이용하여 잘라주는 것도 좋다.

Part 3

선물 상자의 형태를 내 맘대로...
다각형 포장

유달리 면이 많아 망설여 왔던 상자들…
각각의 면이 보여 지는 상자 그대로를 유지하면서
모두 색다른 방법으로 보여질 수 있도록
포장하기란 그리 쉬운 일은 아니다.
그러나 기초를 익힌 다음
조그마한 장식하나만 살짝 얹어 놓으면
그동안 애써 노력한 결실들이 한눈에 쏙 들어온다.
앙증맞은 텍, 살짝 얹어 놓은 나무 가지
그리고 나풀거리는 네임카드가
여성스러움을 물씬 풍긴다.

1. 삼각형 포장
2. 오각형 포장
3. 육각형 포장
4. 팔각형 포장

다각형 포장

철저하게 기본 모양을 고려한 포장법

삼각, 오각, 육각 그리고 팔각 등 그리 만만한 형태들은 아니다.
각 면을 따라 주름을 잡아주는 다각형 포장은 의외로
어렵게 보이지만 쉽게 접을 수가 있다.
사각이나 원형보다 독특한 느낌과 더불어 포장하는 재미가 솔솔
귀엽고 사랑스러운 포장으로 친근감을 더해 본다.

다각형 포장은요....

· 다각포장은 모두 윗면과 아랫면에 주름을 잡은 형태가 유지되야 하므로 종이 분량이나 크기가 양쪽 모두 같은 크기가 될 수 있도록 제작한다.
· 주름이 모아지는 부분이 깔끔하게 정리될 수 있도록 주의한다.
· 주름을 하나 씩 만들어 가면서 서로 물리는 형태가 되므로 시접 부분이 너무 두껍지 않게 유의 하면서 포장하는 것이 중요하다.

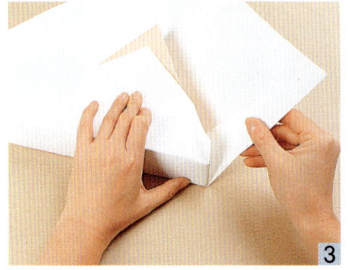 

how to wrap

⋮ 삼각형 포장에는 이런걸 준비해 두세요.

삼각 상자 · 포장지 · 양면테잎 · 가위 · 칼

⋮ 좀더 예쁘게 포장하는 방법

1 포장지 위에 삼각 상자를 올려 놓는다.
2 포장지를 대각선으로 놓은 다음 삼각형 상자를 포장지로 한 면을 접는다.
3 다른 한쪽면은 삼각형의 뾰족한 꼭지점과 일직선이 되도록 접는다.
4 접은 포장지는 윗면에서 접은 각의 중심이 되는 선만큼 반으로 접는다.
5 접은 포장지를 반으로 이등분 하여 다시 접는다.
6 접은 선은 반대편으로 다시 말아 안쪽으로 밀어 넣는데 삼각형의 모양이 유지되도록 두 번 접어 반을 접는다.
7 밑면은 상자의 양쪽 꼭지점과 일치되도록 접는다.
8 이전과 동일한 방법으로 포장지를 안쪽으로 말아 넣은 다음 윗면의 삼각 라인이 가운데에서 만날 수 있도록 포장지를 접는다.
9 직접 만든 텍을 이용하여 멋스럽게 장식한다.

- 육각형 모양의 포장에는 이런걸 준비해 두세요.

  육각형 모양의 상자 · 포장지 · 양면테잎 · 가위 · 칼

- 좀더 예쁘게 포장하는 방법

  1 포장지 위에 포장할 육각 상자를 올려 놓는다.
  2 육각형의 상자를 포장지 위에 놓고 한쪽 면을 포장지로 덮어준다.
  3 옆면의 라인에 맞춰 포장지를 위로 접어 올린다.
  4 접은 포장지의 윗면은 육각의 꼭지점에서 내려오는 라인이 일직선이 되도록 접은 다음 안쪽으로 접어 넣는다.
  5 마지막 마무리 면을 접은 다음 꼭지점에서 넥타이 모양이 될 수 있도록 밑면은 짧고 윗면을 넓게 모양을 낸다.
  6 양면 테잎을 이용하여 한쪽면은 다른색의 포장지를 이용하여 마무리 한다.

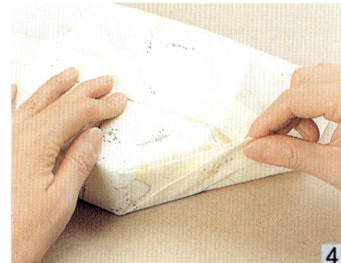

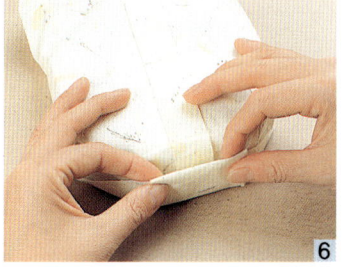

- 팔각형 모양의 포장에는 이런걸 준비해 두세요.

  팔각형 모양 상자 · 포장지 · 양면테잎 · 가위 · 칼 · 라피아 · 리본

- 좀더 예쁘게 포장하는 방법

  1 팔각의 상자를 포장지 위에 놓은 다음 긴면의 포장지를 위로 접는다.
  2 반대편의 포장지는 겉으로 두 번 접은 다음 양면 테잎으로 붙이는데, 붙이는 마무리 라인이 팔각면의 중앙에 오도록 접는다.
  3 옆면 포장은 윗면의 포장지 위쪽 라인에 맞추어 접는다.
  4 아랫면의 포장지는 아래에서 위쪽으로 올라가는 라인이 사선이 되도록 접는다.
  5 반대면도 동일한 방법으로 접은 다음 가운데의 면이 옆선과 일직선이 되도록 접는다.
  6 남은 시접부분은 안쪽으로 접은 다음 양면테잎으로 붙여서 마무리하고 다른 면도 동일한 방법으로 접어서 라피아를 이용하여 마무리 한다.

다각형 포장을 좀더 예쁘게 포장할 수 있는
More information

Point 1

다각포장에서 주름을 접을 때는 한쪽 방향으로 접는다.

오각형이나, 육각형 포장에서 주름을 접을 때는 한쪽방향으로 주름을 연속적으로 잡아주는 것이 포장을 완성한 후 모양이 더 깔끔해 보인다.

Point 2

상자의 위치를 정한 후 움직이지 않도록 양면 테잎으로 상자를 고정시키는 것이 좋다.

원형의 모양과 흡사한 다각형 모양들은 자칫 포장을 하다가 포장지 안에서 상자가 움직여 깔끔하게 포장되지 않을 때가 있다. 이럴 때를 대비하여 포장지의 크기와 상자가 놓여져야 할 위치를 정한 다음 미리 양면 테잎을 이용하여 상자를 고정시켜주는 것도 좋다.

Point 3

포장지의 크기를 정할 때 윗면과 아랫면의 포장지 길이가 같은지 확인 할 것.

윗면과 아랫면 모두 주름을 잡아 포장하는 다각형 포장은 한쪽을 주름잡고 나머지 한쪽 면을 주름잡다 보면 간혹 종이가 모자라는 경우가 있다. 이럴 때는 가운데의 공간이 너무 커지는 수가 생기며 반대로 포장지가 예상보다 남는 경우에는 종이가 서로 겹쳐 모양이 이상해질 때가 있다. 그래서 다각형 포장에서는 포장지의 길이를 정확하게 재는 것이 무엇보다 중요하다.

Point 4

주름은 가능한 깔끔하고 정돈되게…

육각형이나 팔각형의 주름은 상자를 반으로 자르는 대각선의 주름들이 모두 한직선 처럼 맞춰져야 한다. 오각형 상자는 예외지만 상자의 모양이 짝수로 되는 경우 이런 점을 유의하여 포장하면 좋다.

Point 5

다양한 스타일 연출로 원하는 모양을 마음대로...

다각형 포장에서 기본적인 스타일만 익히면 포장의 스타일은 마음대로 변형시킬 수 있다. 굳이 주름을 잡는 것보다는 한쪽 면은 길게 만들어 윗면을 덮을 수도 있고 타이 형식으로 모양을 낼 수도 있다. 여러 번 익숙해지면 스스로 모양을 만들어 이색적인 선물포장을 할 수 있는 것이 다각형 포장이다.

Point 6

여러 가지 포장지를 이용하여 모양을 더욱 화려하게 만들 수 있다.

다각형의 포장에서 주름을 잡으면서 포장한 후 다른 색 포장지를 이용하여 원하는 곳에 포장지를 덧댈 수 있도록 재단을 한 다음 주름의 모양이 변하지 않도록 안쪽으로 밀어 넣으면서 붙여 주면 화려한 포장이 완성된다.

Point 7

상자 자체에 포장지를 붙인 다음 모양을 낼 수도 있다.

다각형 포장뿐만 아니라 뚜껑이 분리되어 있는 상자 포장에서는 포장지를 이용하여 상자 전체를 포장하는 방법도 있지만 포장지로 상자의 상·하부를 각각 싸준 다음 리본으로 완성해도 보기 좋을 뿐만 아니라 예쁜 상자를 재활용 할 수 있는 이점이 있다.

Point 8

포장의 모양에 따라 적당한 액세서리를 달아 주는 센스.

상자의 상, 하체 부분을 각각 자체적으로 포장했을 경우 상자의 뚜껑에만 리본을 달거나 다른 액세서리를 이용한다면 장식 또한 오래도록 보전할 수 있어 주는 이의 마음을 오랫동안 간직할 수 있어 좋다.

Point 9

보여지는 선들이 깔끔하고 단정할 수 있도록 정리한다.

다각형 포장에서 가장 중요한 것은 선을 따라서 일정하게 상자 모양대로 포장하는 것이 중요하다. 각이 있기 때문에 원형 포장처럼 주름을 일정하게 넣을 수는 없지만 면을 이용하여 깔끔하게 포장하는 것이 가장 안정감 있어 보인다. 포장을 더욱 돋보이게 하기 위해서는 포장을 마친 다음 전체적으로 선이 돋보일 수 있도록 손으로 한 번씩 훑어주는 것이 좋다.

Point 10

액세서리를 직접 만들어서 사용해 본다.

삼지닥 나무나 계피 등은 좋은 소재가 된다. 지끈이나 라피아를 이용하여 자연스럽게 매듭을 짓거나 네임텍이나 작은 메시지 카드를 메달아 상자 위에 얹어서 모양을 내본다. 무엇보다 흔하고 많은 액세서리 들이지만 나만의 액세서리를 달 수 있어 모양이 더욱 새롭게 느껴질 것이다.

Part 4

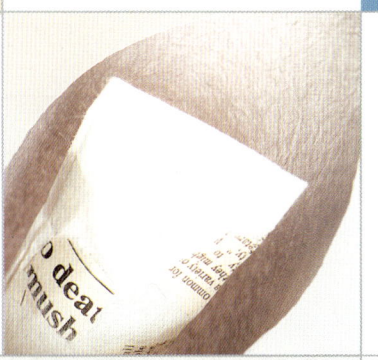

즐거운 자리일수록 빠질 수 없는 선물!
그럴수록 더욱 개성있게!

병 포장

1. 깔끔한 병 포장

웃어른을 찾는 선물 중에서 술은 빼놓을 수 없는
선물 중 하나이다.
대부분 백화점에서 비싼 상품을
고르지 않고서는 포장 되어 있지 않는 경우가 많다.
자신이 손수 만든 선물들은 값어치가
훨씬 더 있지만 때론 겉포장이 좋지 않아
선물로서는 망설여질 때가 있다.
이렇게 주어진 물품을 가지고
따로 포장해야 할 경우 일수록
포장은 더욱 개성 있고 센스 있는 것이 좋다.
내용이 무엇이든 상관없이…

2. 띠를 두른 병 포장

3. 뚜껑과 포장을 따로따로

4. 두병을 나란히

병 포장은요....

· 포장지의 폭은 병 둘레에 10cm정도 더한 만큼 정하고 포장지의 길이는 병의 길이에서 15~20cm 정도 여유분을 생각하여 포장지의 크기를 정하는 것이 좋다.

· 병의 무게감을 생각하여 포장지는 두껍거나 질긴 소재를 이용하는 것이 좋다.

· 병의 모양이나 내용물까지 고려한 다음 어떤 디자인으로 어떻게 포장할 것인지 정하고 포장하는 것이 좋다.
윗어른에게는 고급스럽게 격식을 갖춘 포장으로 친구나 사랑하는 이에게는 깜찍하면서도 화려한 포장을 선택하는 것이 훨씬 어울린다.

how to wrap

:: 병 포장에는 이런걸 준비해 두세요.
   포장지 2장 · 양면테잎 · 가위
   · 칼 · 모양있는 집게

:: 좀더 예쁘게 포장하는 방법

1 시접을 1cm 접은 다음 양면 테잎을 붙이고 반으로 접어 붙인다.
2 병 밑면의 지름만큼 한쪽으로 접는다.
3 접은 포장지를 벌려 마름모 형이 되도록 안쪽으로 접는다.
4 가운데 선에 맞추어 위와 아래 포장지를 접고 양면 테잎으로 붙인다.
5 윗선과 아랫선의 모서리 부분이 만날 수 있도록 옆선을 접는다.
6 포장지를 벌려 볼륨을 준 다음 밖으로 접은 긴 옆선을 안쪽으로 다시 접어 봉투 모양으로 만든다. 포장지 위에 하트 모양을 그린 다음 칼로 오려낸다.
7 다른 색의 포장지를 이용하여 안쪽에 들어갈 포장지를 만드는데 이전 것과 같은 방법으로 포장하되 길이는 더 길고, 넓이는 약간 작게 제작한 다음 안쪽에 넣는다.
8 병을 포장지 안쪽에 넣는다.
9 병 크기에 맞게 윗면을 적당히 두 번 접어 모양 있는 집게나 양면 테잎을 이용하여 포장을 완성한다.

N·O·T·E·B·O·O·K

노트북은 예쁘게 포장할 선물들을 미리 설계해 볼 수 있는 공간입니다. 포장하기 전 생각나는 반짝 아이디어들, 꼼꼼하게 적어보세요.

포장의 기초레슨

병 포장을 좀더 예쁘게 포장할 수 있는
More information

Point 1

깨지기 쉬운 병 포장은 안정성을 고려하면서 포장하는 것이 중요하다.

다른 물건보다도 병은 자칫 깨지기 쉬운 물건이다. 병이 아니더라도 이렇게 깨지기 쉬운 선물을 포장하는 데에는 무엇보다 안정성을 고려해야 한다. 특히 잘 깨질 것 같은 부위는 얇은 속지를 이용하여 여러 번 겹쳐서 포장하고 포장하기 전 안쪽의 유리가 포장지에 가까이 닿지 않도록 주의한다.

Point 2

병의 길이에 따라 여유분을 측정한다.

상자를 이용하여 병을 포장하는 것 이외에 포장지를 이용해서 병을 직접 싸는 병 포장은 병의 길이에 따라서 여유분이 조절될 수 있으므로 병의 길이를 측정하고 여유분을 잡은 다음 포장돼야 한다. 전체적인 포장이 끝나면 나머지 여유분의 포장지를 이용하여 주름을 예쁘게 처리할 수도 있다.

Point 3

상자를 사용하지 않을 경우 되도록 이면 포장지를 재활용할 수 있도록 제작한다.

주름을 병위에 직접 잡으면서 포장할 경우와 상자를 이용하여 포장을 하는 경우를 제외하고는 병이 들어갈 수 있는 충분한 여유분을 갖고 제작하여 병이 자유롭게 들어갈 수 있도록 만드는 것이 좋다. 그럴 경우에 내용물이 더욱 안전할 뿐 더러 포장할 때 훨씬 편하고 후에 포장지는 재활용할 수도 있다는 장점이 있다.

Point 4

연령층에 따라 포장법을 달리하는 것이 좋다.

선물의 품목에 따라 포장지가 달라지는 것도 사실이지만 받는 사람의 연령층도 고려하는 것이 좋다. 나이가 드신 연령층에게는 진하면서도 차분한 느낌의 포장지 색상을 그리고 젊은 층일수록 화려한 데코레이션과 액세서리들을 사용한다.

Point 5

병 속에 담긴 내용물까지 고려하여 포장하면 훨씬 이색적이면서도 돋보이는 포장 아이디어가 생긴다.

병의 형태와 모양만 가지고 어떻게 포장할 것인가를 생각하면 아이디어는 일부 한정되어 있다. 그러나 병 속에 담긴 내용물을 생각하여 그 특징을 살려 포장하면 훨씬 많은 아이디어를 얻을 수 있다. 예를 들어 전통주나 와인이냐에 따라 그 생산지의 멋을 포장지에 담을 수도 있고 그와 어울리는 이미지를 생각하여 포장에 옮길 수도 있다. 문제는 포장을 하는데 있어 소재와 아이디어를 너무 한정지어서 생각하지 말자는 것이다.

Point 6

딱딱한 느낌보다는 자연스러운 소재의 액세서리도 병과 잘 어울릴 수 있다.

딱딱한 병 포장이라고 해서 소재도 너무 딱딱하거나 밋밋하고 깔끔한 것 보다는 때로는 아기자기 하면서 앙증맞은 액세서리들이 의외로 잘 어울릴 수가 있다. 여기에서는 집게와 라피아 끈을 이용하여 귀엽게 포장했으며 병뚜껑을 따로 제작하여 이색적인 포장을 해보았다.

Point 7

밑받침을 따로 두는 것이 좋다.

병 포장에서는 상자에 넣어 포장하지 않는 경우에는 특별히 병을 보호한다는 점에서 밑받침을 따로 두는 것도 좋다. 두꺼운 마분지를 적당히 재단한 다음 병의 밑면이 마분지 위에 정확하게 올려지도록 포장하기 전에 미리 넣어두는 것이 좋다.

Point 8

적은 병 포장도 낱개로 따로따로...

여러 가지를 한번에 같이 포장할 수도 있지만 낱개로 하나씩 포장해도 이색적인 멋이 난다. 어디에서나 쉽게 볼 수 없는 포장법 일수록 받는 사람에게 더할 수 없는 기쁨이 될 것이다.

Point 9

두 가지의 포장지를 덧대어 포장할 때는 겉 포장지를 조금 더 크게 제작한다.

두 가지의 포장지를 따로따로 제작하여 모양 있게 덧대어 포장할 때는 겉 봉투를 조금 더 크게 제작하여야 한다. 두 봉투가 똑같은 크기로 제작되면 찢어질 염려가 있으므로 조금 크게 제작한 다음 안쪽 포장지에 붙이거나 모양을 내는 것이 좋다.

Point 10

병이 무거울수록 시접 부분을 더욱 튼튼하게...

일반적으로 선물 포장을 만들 때 대부분 시접 부분에 사용하는 것이 양면 테잎이다. 그러나 병과 같은 무거운 선물을 포장지에 넣는 다면 시접 부분에 더욱 많은 신경을 써야 한다.
이럴 때는 양면 테잎을 강력한 것으로 선택하여 사용해야 한다.

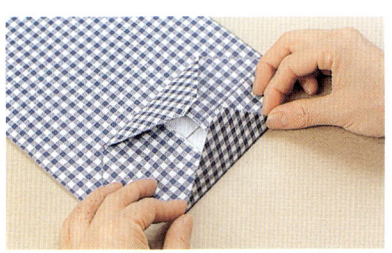

Part 5

정해진 틀 없이 개성있게
케이스가 없는 포장

1. 납작상자 만들기

포장에서 정해진 틀은 없다.
모두 자신의 개성을 살리고
아름답게 포장하는 것이 좋은 선물.
포장이란 자체는 누군가에게 무엇을 전해줄 수
있는 기쁜 마음이 있으므로
그것만으로도 받는 사람은 늘 행복하고 흐뭇하다.
그래서 내 마음대로 개성있게
포장해 볼 수 있는 방법.
거기엔 상자가 없어도 되고, 화려한 장식보다는
손수 쓴 메시지가 더욱 사랑스럽다.

2. Ticket 포장

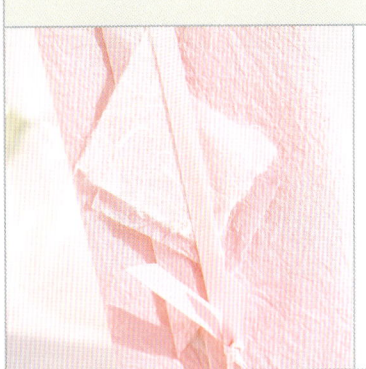

상자가 없어도 더욱 정성스럽게..
납작 상자 만들기

문득 선물할 날이 되면 어떻게 해야 할지 망설여지게 된다.
또한 손수 만든 선물용품에는 상자 안에 들어있는
선물이 아니기 때문에 상자를 따로 구입하거나 만들어야 할
번거로움이 생긴다. 이래서 더욱 사랑받는 아이디어 포장법.
상자를 따로 구입하지 않아도 포장지 자체로
납작한 상자를 만들거나 포장지에 직접 싸서 포장할 수도 있다.
이런 포장일수록 조금은 개성 있고 더욱 센스 있게
포장되어야 한다.

납작 상자 포장은요....

- 납작 상자 포장은 포장지를 대신하여 상자없이 직접 포장하는 것이므로 포장지는 조금은 두꺼운 것으로 포장하면 구김이 생기지 않아서 좋다.
- 손수건이나 넥타이 등 작은 선물 등은 대부분 포장지로 직접 싸는 경우가 있다. 포장물이 그렇게 큰 상품이 아닐 때는 납작 상자를 만든 다음 포장지에 따라 선물 자체를 노출시키는 방법도 있고, 다른 포장지를 준비하여 약간의 모양을 낸 다음 선물 위를 한번 감싸 주는 것도 좋은 방법이다.
- 납작 상자 포장은 내용물의 두께를 생각하여 포장지의 크기를 정하는 것이 좋다. 또 포장지가 서로 잘 맞물려서 포장지가 약간은 들뜬 듯한 모양이 예쁘므로 서로 벌어져서 내용물이 보이지 않도록 여유분을 생각하고 포장하는 것이 좋다.
- 액세서리나 작은 스티거 등은 납작 상자를 돋보이게 하는 아이템. 포장지가 조금은 내츄럴한 톤으로 사용되었다면 액세서리나 스티커는 조금은 화려하면서 강렬한 색상을 사용해도 좋다.

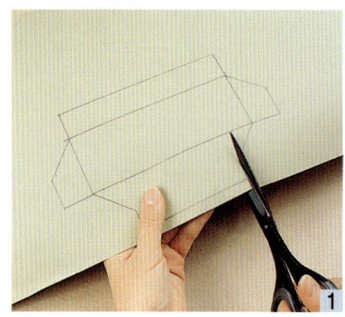

how to wrap

납작 상자 포장에는 이런걸 준비해 두세요.
머메이드지 · 연필 · 가위 · 자 · 모양 있는 스티커

좀더 예쁘게 포장하는 방법

1 머메이드지 위에 포장할 모양을 제도한 다음 가위로 오려 낸다.
2 접는 선 부분에 자를 댄다음 송곳이나 칼등을 이용하여 잘 접힐 수 있도록 눌러준다.
3 접는 선의 모양을 안쪽으로 접은 다음 끝부분은 포장지의 안쪽으로 밀어 넣어 마무리 한다.
4 모양있는 스티커를 이용하여 시접부분에 붙여 멋을 낸다.

N·O·T·E·B·O·O·K

노트북은 예쁘게 포장할 선물들을 미리 설계해 볼 수 있는 공간입니다. 포장하기 전 생각나는 반짝 아이디어들, 꼼꼼하게 적어보세요.

중량감이 없는 선물은 어느 선물 보다 좀더 고급스럽게!

Ticket 포장!

포장이 되어있지 않은 Ticket이나 상품권들은 대부분
편지 봉투에 넣어서 선물하는 것이 전부이다.
그러나 작은 포장일수록 선물을 주는 사람의 감각과
센스를 한껏 뽐내볼 수 있는 아이템.
속의 내용물을 더욱 궁금하게 만드는 Ticket 포장법.
아이디어와 상상력을 이용하여 아기자기한 데코레이션까지
겸한다면 톡톡 튀는 선물 완성!

티켓 포장은요....

· 납작한 Ticket 등을 포장하기 위해서는 포장지의 가로길이는 선물을 포장지 위에 올려놓았을 때 Ticket을 한번 말아 둔듯한 정도의 여유분으로 정하고 세로도 포장지를 접어 가운데 부분에서 서로 약간의 교차가 있을 정도의 선에서 포장지의 길이를 정한다.
· Ticket 등을 포장하기 위한 포장지는 쉽게 잘 구겨지지 않거나 찢기지 않는 포장지를 이용하는 것이 제격.

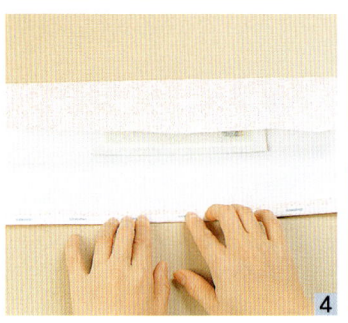

how to wrap

▸ 티켓 포장에는 이런걸 준비해 두세요.

티켓 · 포장지 · 양면테잎 · 가위 · 칼 · 크라프트 펀치

▸ 좀더 예쁘게 포장하는 방법

1 티켓을 한지 이하의 부드러운 종이로 속포장 한다.
2 포장지를 티켓의 크기에 맞게 자른다.
3 티켓을 포장지 중앙에 놓은 다음 한쪽 면으로 티켓을 감듯이 포장한다.
4 다른 한쪽면의 포장지는 시접을 접은 다음 양면 테잎을 붙인다.
5 다른 색 포장지를 이용하여 장식 부분을 만든 다음 시접 부분에 모양을 낸다.
6 뒷면의 중심에서 양끝이 만나도록 정확하게 접은 다음 포장지를 뒤집어서 양쪽을 날개 모양 접듯이 접는다. 리본이나 크라프트 펀치를 이용하여 장식 부분에 멋을 내도 좋다.

N · O · T · E · B · O · O · K

노트북은 예쁘게 포장할 선물들을 미리 설계해 볼 수 있는 공간입니다. 포장하기 전 생각나는 반짝 아이디어들, 꼼꼼하게 적어보세요.

포장의 기초레슨

Ticket 포장을 좀더 예쁘게 포장할 수 있는
More information

Point 1

밋밋하다 싶은 곳에 모양과 색깔이 있는 톡톡 튀는 액세서리를 센스 있게 이용!

ticket 포장이라고 해서 늘 밋밋하고 깔끔해야 할 필요는 없다. 단지 얇게 포장되는 것과 비교하여 포장에 비해 액세서리가 비율이 맞지 않거나 너무 커서 무겁게 느껴지는 것을 피한다면 간단한 액세서리 정도는 더욱 멋있는 포장을 만든다.

Point 2

포장지의 재질감을 살려서 포장한다.

얇고 작은 포장일수록 포장지는 화려한 것을 사용하는 것이 좋다. 포장지의 재질에 의해 밋밋한 모양을 허전하지 않게 감싸주기 때문이다. 또한 굳이 포장지가 아니더라도 모시나 면등 다른 천을 이용하면 다용도로 쓰일 수 있고 재활용이 가능하여 좋다.

Point 3

한가지의 포장지 보다는 다른 색의 포장지로 악센트를 준다.

ticket 포장에서 포장의 멋을 더하기 위해 부분적으로 같은 재질의 다른 색의 포장지를 이용하여 모양을 내는 것이 좋다. 또한 포장지를 접는 방법도 한 가지 방법 보다는 여러 가지 방법을 사용하는 것도 멋있는 Ticket 포장을 만드는 아이디어가 된다.

Point 4

포장의 안쪽까지 세심하게...

멋쟁이 일수록 겉에 걸쳐입는 옷보다는 보이지 않는 안쪽 옷일수록 더욱 많은 신경을 쓴다는 말이 있다. 포장도 보이는 곳 이외에 안쪽 포장까지 세심하게 만들면 포장을 뜯어보는 사람이 재미가 있다. 보이지 않는 곳의 부분까지 세심하게 모양낼 수 있는 센스를 가져보는 것도 좋다.

Point 5

작은 소품에도 신경을 쓰자.

최근 문구점에는 포장을 도와주는 여러 가지 아기자기한 액세서리들이 있다. 도르레 처럼 굴려가면서 문양을 넣을 수 있는 도장들, 어느 곳에 쓰여도 어울릴 수 있는 나무 조각의 장신구들. 이 같은 소품들은 굳이 ticket 포장이 아니더라도 여러 모양으로 쓰일 수 있다. 받는 사람의 이름을 포장지 위에 직접 새겨 귀엽고 정성스런 이미지를 만들어 보자.

Point 6

얇은 품목의 포장일수록 두꺼운 포장지가 고급스러움을 더한다.

얇은 ticket 포장은 될 수 있으면 두꺼운 재질의 포장지를 사용하는 것이 좋다. ticket의 모양이 쉽게 구겨지지 않을 뿐더러 운반하는 도중 손상될 염려가 없다. 두꺼운 포장지를 이용하여 선 처리를 깔끔하게 마무리 하면 훨씬 보기 좋은 포장이 완성된다.

Point 7

모서리 부분이 망가지지 않도록 한다.

포장을 직접 ticket 위에 하는 것이 아닌 얇은 속지를 이용하여 전체적으로 한번 감싸 준 다음 포장하는 것이 좋다. 특히 ticket의 날카로운 모서리 부분이 포장지를 접을 때 같이 구겨지거나 찢어지지 않도록 넉넉하게 포장해 두는 것도 좋은 방법이다.

Point 8

납작 상자를 만들 때는 약간의 볼륨을 주어서 포장한다.

납작 상자를 만들어 선물을 포장할 때에는 포장지 위에 직접 포장하는 만큼 선물의 모양이 망가지지 않도록 약간의 볼륨감을 주어 선물을 보호할 수 있도록 제작하는 것이 중요하다.

Point 9

직접 제도하여 만드는 것일수록 제도를 더욱 정확하게 하는 것이 좋다.

납작 상자는 포장지 위에 제도를 해 준 다음 종이를 오리고 접는 것이 특징이다. 이런 포장에서는 선물의 크기를 미리 측정한 다음 제도해 주는 것이 좋다. 그래야만 포장지가 크거나 적어서 포장을 다시 하는 번거로움을 덜 수가 있다. 연필 자국은 지우개로 깨끗이 지워주는 것도 잊지 않도록 한다.

Point 10

내용물을 더욱 풍성하게 하기 위해서는 속지를 사용한다.

선물의 내용을 더욱 풍성하게 하기 위해서 납작 상자 같은 작은 포장이라고 해도 속지를 사용하는 것은 어느 선물에서건 좋은 방법이다. 작은 포장에 더욱 세심한 손길이 닿으면 더욱 앙증맞고 사랑스럽게 느껴질 것이다.

Part 6

작은 소품의 세심한 배려!
일상생활에서 그 기쁨을 찾는다
생활용품 포장

알콩달콩 아옹다옹! 사람들 끼리 부대끼며 산다는 것이 다 그렇겠지만 아무 것도 아닌 일에 토라지기도 하고 작은 일로 기뻐하고 작은 것에 감사하는 그런 사람들이 생각보다는 많다.

때론 내 아이를 위해서, 때론 우리 가족 모두를 위해서, 사랑하는 사람을 위해서, 내 주위 사람을 위해서 큰 것은 아니지만 그 들을 조금만 생각해 보면 모두 감사할 일들이 더 많다.

오늘 그런 모두를 위해 쇼핑에 나섰다. 그리고 작지만 앙증맞고 정성스럽게 포장해보니 준비한 마음까지 뿌듯해진다. 화려하고 좋은 선물은 아니지만 좀더 세련되고 멋스럽게 포장해 보는 것은 어떨까? 어느 곳에 내 놓아도 손색없는 선물로 내용물이 더욱 화려하게 포장되었다.

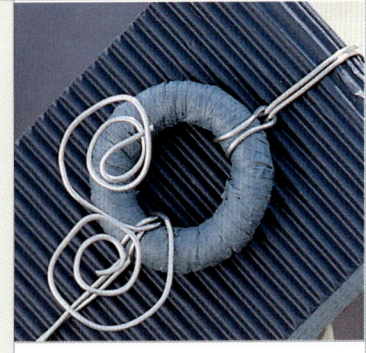

생활용품 포장

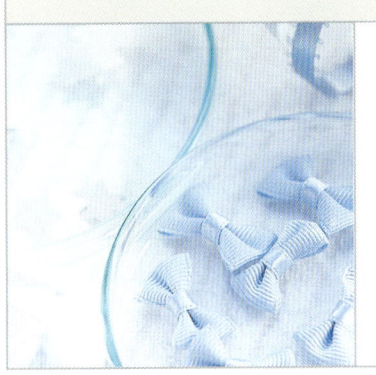

결혼식이나 갓 태어난 아이들의 기념일은 찾는 기회가 많다.
더욱이 자그마한 아기용품은 생각보다는 고가여서 이것저것
구입하기가 망설여지는 경우가 있다. 그러나 작은 선물이라고 할지라도
정성스런 선물이라면 선물을 포장하기에 따라
선물의 질이 달라질 수 있다.
아기의 이미지와 딱맞는 파스텔톤의 은은함으로 선물을
직접 포장 해보자. 액세서리와 포장지까지. 꼼꼼하게 체크해둔
덕분에 일류 백화점의 상품과 비교할 수 없는 선물이 완성.

너무 많은 것을 한꺼번에 포장하지 마세요. 작은 소품일수록 세심하고 정성스럽게...

FOR PURE BABY, SEETHROUGH GIFTS

물건을 포장할 때 중요시 여겨지는 것은 느낌과 정성이다.
그 느낌은 화려한 문양이 새겨진 장식도 아니고 손수
수 놓은 물건도 아니다. 단지 낡고 헐어도 정성스런 손때가
묻어있다면 더욱 정감이 간다.
여름철이면 더욱 생각나는 목욕용품들
선물로서는 그리 흔한 용품들은 아니지만 매일 하루를 맞
이하면서 주는 이의 기쁨을 생각할 수 있어
오늘 사랑의 손맛이 들어있는 선물포장으로
알뜰하게 포장해 보았다.

깔끔함과 섬세함이 곳곳에 묻어져 있는 선물

TOWEL & SOAP

하루 내내 고른 물건들이
왠지 마음에 들지 않을 때가 있다.
그럴 땐 멋있는 선물 보다는 실용성 있는
선물을 고르는 것이 좋다.
누구나 갖고 있어도 두루두루 사용할 수
있는 물건들로...
그리고 고급스럽고 아티스틱하게 멋을 냈다.
포장 그 자체로 멋이 난다.

금속제 액세서리로 선물이 돋보일 수 있도록 포장한다.

BLUE & COOL

내추럴한 느낌을 그대로, 아기자기하게 포장한다.

CUP, CUPS, A PAIR OF CUPS

연인들이나 친구들 사이에도 작은 컵이나 예쁜 소품들의
선물 활용이 늘고 있다. 무엇보다 이런 제품들은 실생활에서
유용하게 쓰일 수 있다는 것이다. 이런 선물일수록
포장지 보다는 액세서리가 돋보이도록 포장해 보는 것은 어떨까?
평상시에 알뜰하게 모아둔 장식품 한 가지만 있더라도 효과 만점.
선물 한 가지만을 생각하기 보다는 전체적으로 어떻게
어울릴 수 있는지를 고려하여 상차림을 하듯 포장하는 것도 좋다.

무늬가 새겨진 포장지는 오려서 앙증맞은 장식으로,
글이 새겨진 포장지는 오려서 팔락이는 텍으로,
반짝반짝 쿠킹호일은 포장지로…
우리 일상 생활에서 무심코 사용하고 있는 모든 것이
어느 누구에게 줄 수 있는 정성스러운 선물포장의
소재가 될 수 있다는 것.
음식을 단순히 보호하고, 요리를 할 때만 쓰여졌던
소품도 포장 디자인에 이용되었을 때, 이 얇고 심플한 소
재는 더할 수 없는 섬세함과 세련된 느낌을 남긴다.

포장지와 쿠킹 호일이 만났을 때

FRESH & FRUITS

젊은 여성들이나 아이들에게 귀여운 인형은 매번 빠질 수 없는 선물 용품으로 등장한다. 최근에는 동네 모서리에 하나씩 인형 판매코너가 한곳 정도는 생겨 그 수요가 점차 늘고 있다. 인형의 선물포장은 이미지에 맞게 포근하고 화사하게 하는 것이 좋다. 인형을 선물로 받는 사람에게도 인형같이 순수한 마음과 동화 같은 꿈들이 심어질 수 있기를 기도하면서……

아기자기한 포장법! 누구에게나 사랑받을 수 있는 선물

EVERY LITTLE THINGS

동양적인 멋이 물씬 풍기는
ORIENTAL INSPIRATION

동양적인 매력이 전 세계인의 눈을 끌어당기고 있다.
인테리어 디자인은 물론 의상과 생활 소품에까지.
그래서인지 스타일은 전과 조금은 다르지만 그 아름다움은
색과 장식에 이르러 좀더 섬세하고 화려함을 더한다.
선물 포장에서 가장 동양적인 매력을 풍기는 한지.
한지를 이용하여 액세서리 주머니나 ticket 포장 등
포장지의 질감과 멋을 살려 정성 주머니를 만들었다.

N·O·T·E·B·O·O·K

노트북은 예쁘게 포장할 선물들을 미리 설계해 볼 수 있는 공간입니다. 포장하기 전 생각나는 반짝 아이디어들, 꼼꼼하게 적어보세요.

Part 7

리본을 이용하여 액세서리 만들기

1. HAIR PIN

2. HAIR BAND

리본을 이용하여 우리가 손쉽게 사는 액세서리를 만들 수 있다는 것 아셨어요?
어느 날 무심코 들린 액세서리 가게에서 얼마 전 포장하면서 눈에 익은 리본들이 액세서리 위에 예쁘게 장식된 것을 자세히 들여다보니 바로 그때의 리본과 동일하지 뭐예요.
눈에 들어오는 다양한 종류의 리본 액세서리들 얼마나 반갑고 희한하던지… 문득 내 아이들이나 친구를 위해 직접 만들어 주면 어떨까? 하는 생각이 들었어요.

3. CORSAGE

4. RIBBON BOW

HAIR PIN

Bow 접는 방법만 알면 간단한 헤어장식 액세서리

보우접는 방법에 따라 모양이 다양한 형태로 변할 수 있는 헤어핀 액세서리.
원하는 형태의 보우를 정한 다음 모양을 다듬고 틀에 글루건으로 붙이면 완성.
리본 액세서리에서 가장 중요한 것은 리본의 색상과 질감을 고르는 것이다.
여러 가지의 색상이 조화롭게 어울리는 것인 만큼 배색을 어떻게 정할 것인지 꼼꼼하게 체크한 후 만드는 것이 좋다.

리본 한 줄이 주는 매력은 다양하다.
정성스러운 선물을 포장할 수도 있지만 아름다움을
더하기 위한 악세사리 용품으로 사용해도 전혀 손상이 없다.
최근에 여성미를 더 한층 강조하는 액세서리들이
그 어느 시즌보다 많은 호감을 받고 있다.
전체적으로 심플한 소재와 아이디어로
여성스러운 이미지를 한층 높이려는 시도이다.
여기에선 다양한 리본과 리본이 주는 색채를 활용하여
보다 세련된 옷차림에 멋을 낼 수 있는 방법을 제안해 보았다.
간단한 재료를 이용한 세련된 변화.
그런 액세서리들을 직접 만드는 뿌듯함을 맛보자.

HAIR BAND
아이들을 위해서 엄마의 솜씨를 보여주세요

요근래에는 리본 밴드를 직접 만들 수 있게 낱개로 포장되어서 판매되는 것을 쉽게 볼 수 있다.
그러나 그런 것은 모양과 디자인을 쉽게 변화시킬 수 없다는 단점이 있다. 계절감이 두드러지거나 아이의 옷과 어울리는 소재를 이용하여 직접 만들어 보았다. 두 손에 들고 마냥 좋아하는 아이의 얼굴만큼이나 나의 마음도 뿌듯하다.

CORSAGE

리본이나 종이를 접어가면서 세모꼴 부분이 여러 번 겹치도록 만들어 보던 장미 모양은 여러 가지 액세서리로 이용할 수 있다.
화사하고 화려한 리본을 원하는 스타일과 색채로 매치시켜 붙여주면 직접 만들어 보는 브로치 완성.
리본이 잘 풀리지 않도록 실이나 글루건으로 밑 부분을 고정시키는 것이 중요하다.

ribbon bow

single

1. 두개의 리본을 크로스 하여 묶어준다.
2. 한쪽 리본에 루프를 만든다.
3. 다른 리본으로 루프를 감는다.
4. 매듭 진다

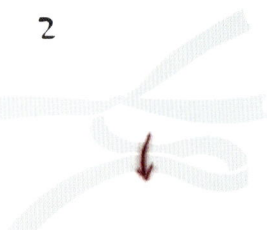

double

1.
2.
3. 다른 리본으로 루프를 감되 감으면서 루프를 만든다.
4. 양쪽으로 잡아당겨 매듭 진다.
5. 볼륨감 있게 리본을 정리한다.

corsage bow

1

리본을 꼬아서 엄지손가락이 들어갈 만한 루프를 만든다.

2

좌우로 돌아가면서 루프를 만들되 루프가 둥글게 만들어질 수 있도록 꼬아가면서 만든다.

3

6개 정도의 루프를 만든다.

1

동그란 센터 루프를 만든 다음 리본 끝이 뾰족하도록 고깔 모양으로 루프를 회전시켜가며 만든다.

star bow

2

삼각형 모양이 되도록 고깔루프를 세 개 만든다.

3

4

5

스테플러로 전체 리본을 고정시킨다.

number eight bow

1. 안쪽의 리본이 서로 마주 보도록 루프를 만든다.
2. 반대편도 같은 모양의 루프를 만들되 모양이 8자 모양이 되도록 한다.
3. 철사를 이용하여 루프를 고정시킨다.
4.

knotted bow

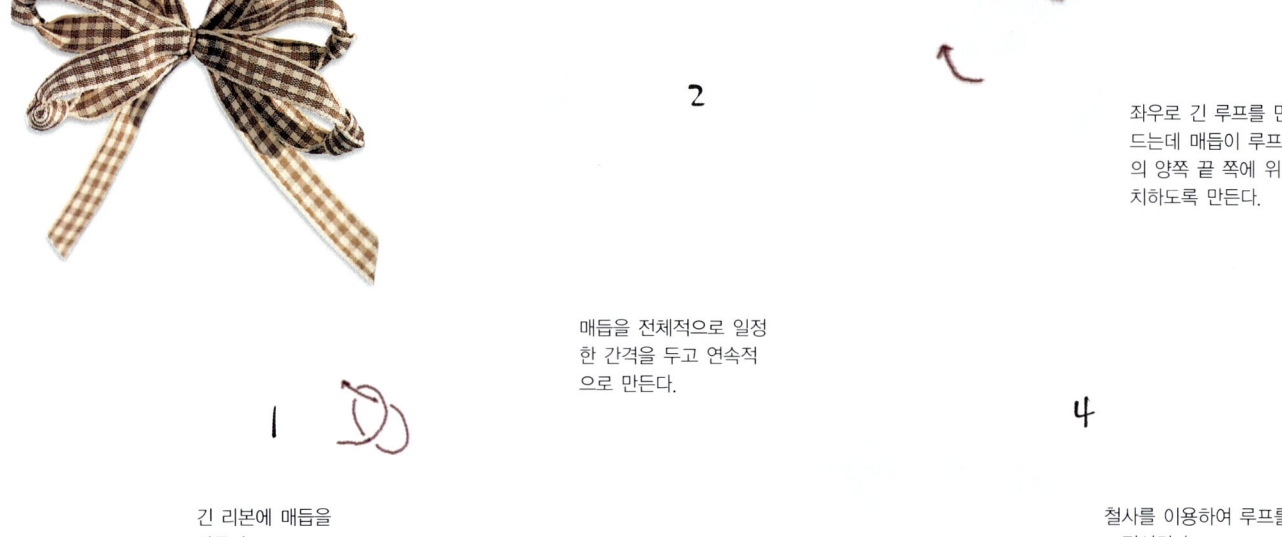

1. 긴 리본에 매듭을 만든다.
2. 매듭을 전체적으로 일정한 간격을 두고 연속적으로 만든다.
3. 좌우로 긴 루프를 만드는데 매듭이 루프의 양쪽 끝 쪽에 위치하도록 만든다.
4. 철사를 이용하여 루프를 고정시킨다.

Triangle Tie

tie style

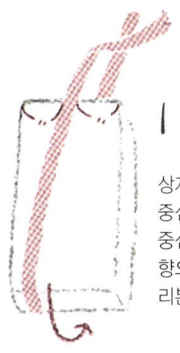

1. 상자의 위 아래를 중심으로 상자의 중심에서 한쪽 방향으로 어슷하게 리본을 둘러준다.

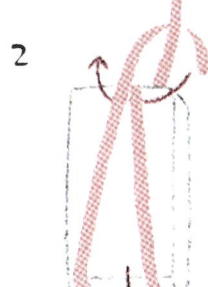

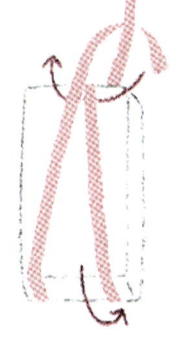

2. 매듭 지을 곳을 중심으로 반대편 방향으로 어슷하게 둘러준 후 매듭을 진다.

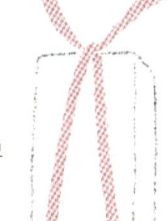

3. 나비 모양으로 루프를 매어 모양을 낸다.

Z Tie

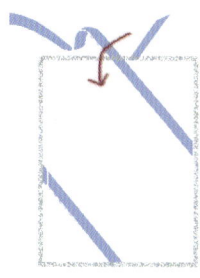

1. 상자의 윗면에 비스듬한 모양으로 서로 일직선이 되도록 리본을 감아준다.

2. 일직선으로 감은 리본을 중앙에 맞추어 위에서 아래로 돌려 말아준다.

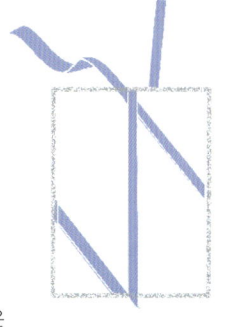

3. 상자의 위쪽 매듭에 루프를 만들어 모양낸다.

Cross Tie

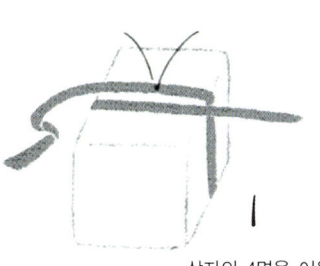

1. 상자의 4면을 이용하여 전체적으로 십자 모양이 되도록 리본을 두른다.

2.

3. 상자의 중심에서 매듭을 진다.

4. 루프를 매듭에 모양을 낸다.

N·O·T·E·B·O·O·K

노트북은 예쁘게 포장할 선물들을 미리 설계해 볼 수 있는 공간입니다. 포장하기전 생각 나는 반짝 아이디어들, 꼼꼼하게 적어보세요.

이번 선물포장 NOTE BOOK을 만든 (사)한국선물포장디자이너협회는 한국의 전통포장 문화를 바탕으로 세계 각국의 선물포장기술 및 기능을 비교·분석하여 합리적인 선물포장분야로 개발·발전시키는 한편, 선물포장 기능인의 양성 및 기능인의 새로운 직업 분야에 대한 가치관을 정립하기 위하여 2000년 2월 노동부로부터 정식인가를 받아 설립된 곳입니다. (사)한국선물포장디자이너협회에서는 전통포장문화의 기술 및 기능발굴과 신포장법을 연구하고 개발하는 것은 물론 세계 각국의 선물포장기술 및 기능에 관하여 조사 연구하고 있습니다.
(사)선물포장디자이너협회는 기초 포장은 물론 상급과정 그리고 포장이론과 강사교육을 위한 지도자 과정을 협회사무국, 지역본부에서 교육을 실시하여 포장기능인을 양성하는 단체입니다.
매년 선물포장 디자이너를 양성하고 있는 협회에서는 디자이너들을 지원하는 것은 물론 선물포장 기능인의 직업을 개발·창출합니다.
또 이곳에선 선물포장 기능인을 위해 선물포장에 관한 도서출간을 비롯해 세미나, 공개강습회, 전시회, 우수기능인을 선발하기 위하여, 기능경기대회를 개최하여 선물 포장에 관한 저변확대에 노력하고 있습니다.

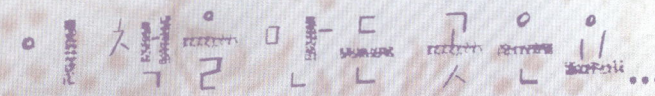

선물포장 기능시험

포장기능에 대한 지식과 기술을 적정 기준에 의하여 평가하고 기능의 사회적인 가치를 공인하여 직업적 보장에 기여하도록 하고 우리나라 포장 기능에 대한 체계적인 정립을 위하여 다음과 같은 기능시험을 실시합니다.

◆ **기능급수**
2급 기능, 1급 기능, 지도자

◆ **시험과목**
필기시험 : 포장 전반에 관계되는 일반상식 및 전문적인 지식
실기시험 : 2급 기능 – 기초적인 각 형태별 포장법
　　　　　 1급 기능 – 형태별 변형 포장법 상자 제작
　　　　　 지도자 – 각 부분의 응용력 및 전문 포장법

◆ **응시자격**
2급 기능 : 협회가 인정하는 교육기관에서 45단위 이상을 수료한 자로서 기초 능력을 소지한 자
1급 기능 : 협회가 인정할 수 있는 교육기관에서 90단위 이상을 수료한 자로서 2급 기능을 인정받은 자
지 도 자 : 1급 기능을 소지한 자로 전문포장 교육과정을 이수한 자

◆ **합 격 자** : 학과 수험 및 실기시 성적이 60점 이상으로 합격을 인정, 통보하며, 한글과 영문의 자격증서를 발부한다.

◆ **일 시** : 매년 5월, 11월 예정

◆ **신청서류**
1 신청서(협회의 소정 양식)
2 반명함판 사진 2매
3 응시료

◆ **접수 장소 및 문의처**
서울시 서초구 잠원동 75-19 반포쇼핑타운 3동 404호·435호
(사)한국선물포장디자이너 협회 사무국
TEL : (02)591-1799 FAX : (02)533-5089
홈페이지 : www.krgift.co.kr

사단법인 한국 선물포장 디자이너 협회